동면

b판시선 41

정세훈 시집

동면

도서출판 b

　전통적 농경사회였던 우리 사회는 1960년대 말 전국에 산업공단이 조성되기 시작하면서 산업화가 급속도로 진행되어왔다. 이에 편승해 자본화도 급속도로 이루어졌다. 4차 산업으로 이행되어 가는 현재 그 상황은 더욱더 심화되고 있다. 이로 인해 인간의 삶의 본질이 최우선시되어야 할 우리 사회는 산업화와 자본이 그 자리를 침략해 차지해 버렸다.

　이제 우리의 문학은 산업화와 자본으로부터 점령당한 인간의 삶의 본질을 찾아 제자리로 복귀시켜야 하는 의무를 지게 됐다. 그 의무를 충실히 이행하여 우리 사회를 진정한 인간의 삶을 위한 장으로 구축해가야 한다.

　그러한 노정路程으로 임한 이번 졸시 작업을 통해 우리 삶의 본질을 인간에만 국한하지 않고 자연과 생물, 무생물 등 우주 종교적 차원에서 찾고자 한 것에 의미를 두고자 한다.

| 차 례 |

제1부

본질

지상의

새 떼가 다급히 어디론가 날아간다
겨울잠을 자던 개구리와 뱀들이
떼를 지어 밖으로 기어 나온다
잉어들이 자꾸만 물 위로 뛰어오른다
개들이 한꺼번에 마구 짖어댄다

그 순간
보이지 않는
깊숙한

지구 내부에서

험한
지진과 해일의
전조현상이
꾸물꾸물 일어나고 있다

투쟁

우르르 쾅! 우르르 쾅!
천둥이 울린다

번쩍! 번쩍!
번개가 친다

쏴와아! 쏴와아!
폭풍이 분다

주룩! 주룩!
장대비가 쏟아진다

휘청! 휘청!
풀잎이 요동친다

풀잎에 앉은 잠자리 꿈쩍 않는다

야산에 누운 무덤들

녹음이 짙었을 때도 미처 몰랐지만
단풍 들었을 때도 미처 몰랐어라
저 야산에 초목들만 무성히
자라 있는 줄만 알았어라

아파트 뒤 베란다 작은 창 안으로
한눈에 들어오는
저 조그마한 야산에 웬 나무들만
저리도 무성히 자랐는가 싶었는데

녹음이 단풍 되고 단풍도 져버린 이 겨울목
아파트 뒤 베란다 작은 창밖으로
군데군데 야산에 누운 무덤들!
한눈에 들어오고 있어라

머지않아 다시,
저 야산에 펑펑 흰 눈이 내려 쌓이겠지

지리산

골 깊은 계곡에는
제대로 물 흐르고 있을까 하여
지리산을 찾았더니

곳곳에 패인 웅덩이
도사리고 있어
고여 흐르지 못하는 물도 많구나

여정에 부르튼 발
신 벗어
웅덩이에 살짝 담가보았더니

물꼬 트라!
물꼬 트라!
싸늘하게 엉겨 붙는

지친 물소리들
부질없이

내 발목을 한사코 부여잡네

아, 속세의 막힌 슬픔이
예까지 따라왔나

민들레 피었네

민들레 피었네
꽃밭을 만들었네

물 가두어둔 저수지
제방 둑 길가에

나, 일부러
꽃씨 뿌려 놓지 않았어도

민들레 홀씨
바람 타고 날아와

싹을 틔우고
뿌리를 내려

민들레 피었네
제멋대로

꽃은 이렇게
피는 것이라고

꽃밭은 이렇게
만드는 것이라고

해갈 解渴

가을 가뭄 속을
내장산 까치봉 계곡물이 흘러가고 있다
바위뿌리 틈 사이에
잔물결을 일으키며

저 홀로 몸 부린 것이 부끄러운 것일까
잔물결 위에
뛰어든 단풍나무 잎새 하나
빨갛게 얼굴 붉히고 있다

덥석
산을 타고 온 갈증 난 손을 씻자니
흐르지 않는 듯 흐르는 모습이
손 시리도록 맑다

까치봉 골짜기 그 어느 후미진 곳에서
찔끔찔끔 흐르기 시작했을 이 잔물결은
억겁을,

흐르지 않는 듯이 맑아져 왔으리라

산토끼 똥과 다람쥐 오줌을 내내 씻어주며
산토끼 똥과 다람쥐 오줌에 내내 제 몸을 씻으며

호수

뿔논병아리 한 쌍
호수에 둥지를 틀었습니다
지푸라기를 모아
둥지를 틀었습니다
하필이면
출렁거리는 물 위에 틀었습니다

둥지를 튼 호수에 장마가 들었습니다
폭풍우가 쏟아집니다
거센 파도가 칩니다
둥지가 요동칩니다
둥지의 지푸라기들이 흩어집니다
품고 있는 알들이 굴러떨어질 듯합니다
뿔논병아리 한 쌍
지푸라기들을 다시 모아
무너지는 둥지를 보수합니다

조마조마하는

사이,

장마가
폭풍우가
거센 파도가
알들을 부화시킵니다

호수를 부화시킵니다

동면

전철역엔 함박눈 대신 스산한 겨울비가 내린다

이른 아침 출근길을 적시었던
때아닌 겨울비가
깊은 밤 뒤늦은 귀갓길 광장에
번들번들 스며들고 있다

가까스로 빗방울을 털어낸
고단한 발길들
승산 없는 생의 승부수를 걸어놓고
총총히 빠져나간 불빛 흐린 전철역사

포기하지 말아야 할 것들을 어쩔 수 없이 포기하듯
방울방울 떨어지는 낙숫물이
얼어붙은 노숙자의 잠자리를
실금실금 파고들고

정해진 궤도를 따라 달려온

마지막 전동차
비 젖은 머리통을 숨 가쁘게 들이밀고
들어온 야심한 밤

생이 무언지 제대로 젖어보지 못한
우리들의 겨울날은
때아닌 겨울비와 통정을 하며
또다시 하룻밤 동면에 들어가고 있다

맹그로브 나무

지상의 모든 나무들은
흙 속에 뿌리를 내리지만
습지의 맹그로브 나무들은
진흙 위에 뿌리를 내린다

지상의 모든 나무들은
제 뿌리로 제 한 몸 겨우 지탱하지만
습지의 맹그로브 나무들은
서로의 뿌리로 서로의 몸을 지탱해준다

자리를 잡은 곳이 온통 진흙투성이여서
단단하게 뿌리를 내릴 수 없는 맹그로브 나무들
제각각 흩어져 뿌리를 내리면
이내 모두 쓰러져 죽어버릴 맹그로브 나무들

모두 모여 함께 뿌리를 내려
서로의 뿌리에 서로의 뿌리를 엮어간다
한 그루 두 그루 열 그루 백 그루

서로의 뿌리에 서로의 뿌리를 심어간다

세세연년 맹그로브 숲을 우거지게 한다

배설

—몽골사막의 '뛰는쥐'

사막 중에서도 가장 척박한 사막
쌍봉낙타들이 살아가고 있는
몽골사막 모래땅엔
'뛰는쥐'라는 이름을 가진
조막만 한 쥐들이 살아가고 있다

어쩌다 가문 비 지나간 후 듬성듬성 돋아 나와
이내, 몰려오는
모래바람에 묻혀버리고
폭염에 시들어버리고 마는 이름 모를 잡초
뜯어먹으며 살아가고 있는 몽골사막의 '뛰는쥐'

모래굴을 파고 들어가
폭염을 피해 있다가도
천적을 피해 있다가도
오줌이 마렵거나 똥이 마려우면
어김없이 뛰쳐나와 잡초밭에 배설을 한다

그렇게 거름 내어 농사지으며
척박한 사막을 살아가고 있다

매미

단지,
여름 한 철을 울기 위해
땅속 어둠에서
그 오랜 세월을 버티어냈을까

고목 나무 등걸에 앉아
매미가 울고 있다

수년간을 굼벵이로 땅속 어둠에 묻혀 사는
때가 되면 어김없이 기어 나와 허물을 벗는
굳이 집을 짓지 않고 나무 그늘에 사는
인간이 먹는 곡식은 절대로 먹지 않는
맑은 이슬만 먹고 사는

한 역사가,

지금
내 찌든 삼복더위 폭염을 짊어지고 울고 있다

치욕恥辱의 시

나중에 안 사실인데,

나는,

밀린 임금 받으러 갔다가 동사凍死한

불법 체류 재중 동포 노동자

58일 만에 장례를 치르던 날

'순간의 평화'라는 시를 지었다

경찰과 119구조대에 12차례에 걸쳐

구조를 요청하다

끝내 도움을 받지 못하고

새벽 추위에 동사한,

대한민국 서울특별시 종로구 혜화동 길거리 같은

보이지 않는 것

보이지 않는 것이 보이는 것보다
오히려 선명하게 보일 때가 있다

보이는 것은 보이는 만큼
보여주면서 멀어져가지만
보이지 않는 것은 보이지 않는 만큼
보여주지 않으면서 가까이 다가온다

보이지 않는 바람이 늘 내 귀밑머리에 앉아 있다
보이지 않는 사상이 늘 내 가슴속을 차지하고 있다

제2부

'예수'의 꿈

그리스도는 인류를 구원하기까지
평안하지 않았다

엄마 아빠를 언제나 어디서나
엄마 아빠라고 불러보았으면
엄마랑 아빠랑 함께 손잡고
놀이공원에 가보았으면
엄마 아빠를 살아생전
단 한 번만이라도 만나보았으면

엄마 아빠로부터 태어나자마자
'마리아의 집' 문간에 버림받은

아홉 살 기형아 '예수'의 꿈

모형 십자가

예수가 죽었다가
다시 살아난 부활을
기념하는 이들로
북적대는 부활절

인류의 구원을 위해
십자가를 진 예수의
고난을 직접 체험해볼
모형 십자가를 놓고

누가
지고 갈 것인가
적격자를
찾고 있다

그러나

모형 십자가가

지고 가기에
너무 무거워 보이는 이들로
가득한 광장

자신은 적격자가 아니라 한다

서로가
힘이 없다
나이가 많다
지병이 있다며

내 마음에 산사 하나 지어놓고

내 마음에 산사 하나 지어놓고
내 인생만큼이나 초라한
초가산사 하나 지어놓고
만추법당에 벌러덩 누워
흙 맥질한 단청 휘 둘러 밖을 내다보자니

어느새 달려 나와 뿌릴 내렸는지
고풍스런 감나무 한 그루
산사 마당귀에
홍시들 주렁주렁 매달았네

산사 초가지붕 위에
늦가을 석양빛이
몇 날인가 스쳐 지나가고
고풍스런 감나무 홍시 위에도
그렇게 지나가고

나는 몇 잎 남지 않은 감 이파리 되어

마당귀에 나뒹구네

"홍시 떨어질라 홍시 떨어질라" 나뒹구네

마음을 담는다

곡기를 끊은 지 나흘 된
애완 노견 몽실이가
내 눈에
무언의
제 눈을 맞춘다

하루 종일 눈을 감고
사경을 헤매다가
간혹 나를 바라보며
가깝고도 머나먼 눈을
고요히 맞춘다

사랑했다고
사랑한다고
그리고
죽어서도
살아 사랑하겠다고

모든 생
마치고 가는
눈물 젖은
늙은 눈동자

그 어느 팔팔했을 적
총명했던 눈망울보다
더
뜨거운 눈 맞춤으로

물 한 방울조차 거부하는
주검의 길 가는 그 길을
그저 바라만 볼 수밖에 없는
나의 마음을

고이, 담는다

어머니

빠알간 홍시들이 주절이
열리기까지에는
지난겨울 칼바람을 이겨낸
새싹 틔움이 있었다

가을이 깊어질수록
하늘은 철없이 아득히 달아나고

감나무, 낙엽으로 눈물을 대신하여
하늘의 철없음을 당신 탓으로 돌리었다

가지가지에 홍시들은
시끄럽게 떠들어대고

나는 아직도 가을하늘로 남아
내 것인 양 파랗게 그들을 끌어안는다

사랑

저 강물은
그 얼마나 강을 사랑했기에
강 언저리 언저리에
하염없이 제 몸을 부수며
끊임없이 흘러가는 것이냐

저 강은
그 얼마나 강물을 사랑했기에
물여울 여울에
굽이굽이 제 몸을 허물며
새로운 물길을 내는 것이냐

부활초

태양도 감당치 못하는 사랑이 있습니다

바싹 말라 오그라든 몸
바람에 떠밀려
이리저리 정처 없이
온 사막을 굴러다닙니다
이미 산목숨이 아닙니다

백 년을 이렇게
죽은 목숨으로
굴러다녀도 괜찮습니다
언젠가는
물웅덩이를 만날 테니까요

그 웅덩이에
웅크렸던 가지를 펼치고
언제 내릴지 모를
빗방울을 기다릴 것입니다

기다리는 빗방울
섣불리 오지 않겠지만
그 언젠가 오는 날
오랜 세월 품었던 내 씨앗을
모래벌판으로 튕겨 보낼 것입니다

튕겨진 씨앗은
모래투성이 세상에
싹을 틔우고
꽃을 피우고
열매를 맺을 것입니다

태양도 감당치 못하는 사랑을 이룰 것입니다

누군가의 얼굴

누군가의 얼굴이 생각나다 못해 그리워지고
그리움에 지쳐 그 얼굴
마냥 가슴에 심어두고 싶어지면
지난해 겨울에 보아두던 덕숭산* 골짜기
그 작은 시냇물 속 돌멩이들을 다시 찾아가 보아야지

시냇가에 바짝 다가앉아
조용히 눈을 감고 귀를 기울여야
비로소 흐르는 물소리를
애달피 들려주던
시냇물 속 돌멩이들

차마 안쓰러워
그만 반짝 들어 건져내 버린다면
흐르는 물소리를 영영 내지 못할
시냇물 속 그 작은 얼굴들
옹기종기 자리 잡고 있었지

다시 찾아가면
지난겨울 망설이다
그냥 왔던 것처럼
누군가의 그 얼굴 닮은 돌멩이 하나
던져놓고 싶어 갈등도 하겠지만

* 덕숭산: 충남 예산군 덕산면 사천리에 위치해 있으며 호서의 금강산이라 불리고
  있다. 기슭에 비구니의 도량으로 널리 알려진 천 년 고찰 수덕사가 자리 잡고 있다.

혹한에 얼어붙은 강

혹한에 꽁꽁 얼어붙은 강을 나는 믿는다

얼어붙은 모습이
아무리 삭막하게 보여도
마냥 춥고 손발 시리게 닿아 와도
얼음 아래로는 여전히 강물이 흐르고
그 강물에 여전히 빙어들을 품고 산다

그리하여 나는
북서풍이 매섭게 불어오고
눈발들이 그 북서풍에 작은 몸을 덜덜 떨며
흩날리는 이 혹한의 겨울날에
마음 놓고

언 강 위에 앉아
얼어붙은 강물을 뚫어
이따금 빙어 낚시를 즐기거나 혹은
강 건너갈 일이 있으면

그 위에 성큼성큼 길을 내어 건너간다

혹한에 얼어붙은 강은
쉽게 금이 가거나
어느 한순간 깨져 무너져버리지 않는다
언제 얼어붙었었느냐는 듯 서서히
아주 서서히 언 몸을 푼다

어쭙잖은 추위에 어설프게 얼어버린 강이
늘 내 생을 불안하게 한다

포옹

절경 중의 절경이라는 북녘땅 삼일포 호수가
아찔하게 내려다보이는 깎아지른 절벽

삼일포를 찾아온 남녘의 금강산 관광단
장난기 많고 농담 좋아하는 일행이
'김일성 동지 만세'라 새겨놓은 바위 앞에서
장난삼아 두 팔 높이 치켜들고
"김일성 동지 만세"라 부르짖으니
북녘땅 여성 안내원
장난삼아 박수를 쳐주었네

바위에 '김일성 동지 만세'라 새겨놓은
삼일포 호수 변 깎아지른 절벽에도
사람은 사람으로 살아 있었네
장난기로 만세 부른 것 탓하지 않고
장난기로 박수를 쳐줄 줄 아는
사람은 사람으로 살아 있었네

'김일성 동지 만세'를 불렀으니
이제 우리 서로 포옹해야 한다고
우스갯소리 농담을 건네니
박수 쳐준 북녘땅 여성 안내원
수줍은 볼때기 바알갛게 물들이며
살포시 포옹해왔네

"포옹하다가, 절벽 아래로 함께 굴러떨어지갔시오!"

만추晩秋

비로소,

술렁대던 가을 벼이삭들
다소곳이 고개 숙였네

논두렁을 다질 때든
모내기를 할 때든
김을 맬 때든

그 언제나 다소곳이

무릎을 꿇고
허리를 굽힌
농부

허수아비에게 벗어준
해진 밀짚모자 향하여

엄동설한 폭설을 배경으로

엄동설한 폭설을 배경으로
무얼 보러 왔니
쾌속 유람선을 타고
관광버스를 타고
이 금강산에 무얼 보러 왔니
고성항에서 온정리휴게소로 가는 길
차창밖에 어리는 북녘의 얼굴들
달구지를 몰고 가는 남정네
개울가에서 빨래하는 아낙네
책가방을 멘 어린 학생
군복무에 열중인 인민군
들녘에 두엄을 내고 있는 농부들을
구경삼아 지나쳐서,
구경삼아 지나쳐서,
엄동설한 폭설을 배경으로
귀면암을 보러왔니
삼선암을 보러왔니
칠층암을 보러왔니

만물상을 보러왔니

엄동설한 폭설을 배경으로
무얼 보고 가는 거니
관광버스를 타고
쾌속 유람선을 타고
저 금강산에서 무얼 보고 가는 거니
온정리휴게소에서 고성항으로 가는 길
차창밖에 어리는 북녘의 얼굴들
달구지를 몰고 가는 남정네
개울가에서 빨래하는 아낙네
책가방을 멘 어린 학생
군복무에 열중인 인민군
들녘에 두엄을 내고 있는 농부들을
구경삼아 지나쳐서,
구경삼아 지나쳐서,
엄동설한 폭설을 배경으로
귀면암을 보고 가는 거니

삼선암을 보고 가는 거니
칠층암을 보고 가는 거니
만물상을 보고 가는 거니

제3부

저물녘

벗으로 지낸 사이는 아니었지만

한 달 사이로 이 세상을 떠난

60대 중반 나이 내 또래

두 삶에

나 홀로

소주 한 잔 기울인다

가을 아침

그리운 사람이 그리운 가을 아침

새벽 일터로 나가기 위해
아침 때 이른 신을 신는다
어느새 꼿꼿하던 내 등은 굽었다
신도 등이 굽듯 낡았다

등을 구부리지 않고
꼿꼿하게 편 채로
신을 탁탁 꺾어 신고 집 나서던
팔팔했던, 중년

가을 아침을

이제 내가 지켜주지 않아도 될
나의 손때 묻은 현관이 배웅한다

늙어가는 나 자신으로부터

그리운 사람이 되어야겠다

그해 첫눈

펄— 펄—
초겨울 잿빛 하늘 아래
그해 첫눈이
내리고 있었다

처음으로
내 집을 장만하는 매매계약서에
서명날인하는 부동산 중개업소
창밖에 땅거미가 깔리고

"첫눈치고 많이도 오네"
"포근하구먼!"
"함박눈이네요"
"아름다워요"

중개업자 박씨가
집을 파는 사내가
그의 아내가

첫눈에 마냥 들떠 있었다

그 첫눈 속에,
어느 해 맑은 이른 봄날
햇빛이
너무 밝고 따스하여

문간 셋방 쪽문 앞에 나앉아
속절없이
남몰래 울었던 눈물이
수북수북 묻히고 있었다

아가야

아가야
엄마 등에 업힌
아가야

나를 보지 말아라
그 해맑은 눈망울로
나를 보지 말아라

엄마 등 뒤로
자꾸만
나를 보려 하는 아가야

나를 보지 말아라
그 해맑은 눈망울
행여 버릴라

난,
눈망울이 없단다

너와 마주할

해맑은 눈망울이 없단다

고풍古風

이윽고,
서산에 해그림자 깔리는 저물녘

언제부터
저 아득한 절벽의
위태로운 바윗덩이를
떠받치고 있었을까

허리 굽은 늙은 상수리나무
은빛 물결 이는
물속으로
물그림자 되어 잠긴다

고스란히
잠기는 모습에
그냥
눌러살고 싶어진다

노독勞毒을 잔뜩 짊어지고
잠시 요양하러 온 마음
절벽 위에 집을 지은
물새 한 마리 되어

저물어가는 호수 위를
마냥 맴돈다

심야

아들아
오늘 낮에
할아버지를 뵙고 왔단다

위암 말기 할아버지
발잔등이
공처럼 퉁퉁 부어올랐더구나

헌데, 할아버진
곧 다시 내리겠지 곧 다시 내리겠지
하시며

그 부어오른 발 만지작거리는
내 손을
꼬옥 잡아주시더구나

아들아
이 깊은 밤

난 더 이상 아무 말을 할 수 없단다

터널

그대를 만나
그대와 이야기를
나누다 보면

우선 눈물이 난다

내게 차마
말 못 할 긴 시간이
그대에게 있었다는 걸

난 미처 몰랐다

찔레꽃

겨울 동안 메말라버렸던 찔레꽃 마른 가지에 여린 새 가시가 돋고

새하얀 꽃망울이 망울지는 봄날이 시작되면

나의 몸은 하얗게 몸살을 앓기 시작한다

해마다 그리했는데 지난해에도 그리했는데 올해에도 어김없이

몸살이 내 온몸 뼈 마디마디에 찔레꽃 꽃망울처럼 망울져 오는 것이다

내 이 이야기를 듣고 있는 그 어느 누구든지 간에

도저히 이해가 안 되는 이야기라고 하겠지만

이상하게도, 기이하게도, 희한하게도, 신통하게도,

찔레꽃이 만개해 있는 동안 나의 몸은 심한 몸살을 앓다가도

찔레꽃이 꽃잎을 모두 다 떠나보내고 푸른 잎에 덮일 때쯤이면

나의 몸 뼈 마디마디는 비로소 몸살의 통증을 벗어버리고

앓아온 몸을 훌훌 털고 푸르도록 가뿐히 일어나는 것이다

지금

먼 곳에 홀로 있는 이가 많이 아픈데
오늘 오후에 병원에서 수술을 꼭 받아야 하는데
보호자가 없다 합니다
어제 밤늦게 그로부터 연락이 왔습니다

지금, 그가 있는 먼 곳으로 가고 있습니다

장마

맞아보아도 맞아보아도 시원치 않은
장맛비 구적구적 내리는 밤
이미 많이 마신 거 같은데
왜 더 마시려 하느냐며
마셔보아도 마셔보아도 취하지 않는 나를
어린아이 어르듯 맞아주었네

부평동 백마장 삼거리에서
내 사는 대림아파트로 향하는 길목
지나가는 길손인 양 추적추적 내리는
장맛비를 속절없이 내다보던
허름한 일반음식점 '우연집' 작부
삼십 대 후반쯤으로 보이던 그녀

대우자동차 정리해고 노동자들
생계를 돕기 위한 바자회에서
아름아름 마시기 시작한 것이 시발점이 되어
저 홀로 이 술집 저 술집을 거쳐온 나를

처음 보았는데도
오랫동안 사귀어온 연인처럼 맞아주었네

들어서자마자 다짜고짜
오늘 술값은 외상 하자는 내 앞에
그리 천박하지도 않게
그리 요염하지도 않게
마른안주와 맥주병을 다소곳이 내어놓았네

재수 없다는 듯
쓴 입맛을 다시는 오십 대 주모는
단골손님을 기다리듯
문 앞에 턱을 괴고 앉아 있고
그녀와 나는 덜 닫힌 창문으로
튀어 들어오는 빗방울에 젖어가는
칸막이 커튼을 반쯤 치고 마주 앉아
서로의 술잔을 채워주었네

채워준 술잔 비워보았댔자
더 이상 취하지 않을 것 같아
까닭 없이 찰랑거리는 술잔만
만지작거리고 있는 내가 답답했을까 그녀
이 몸이 사연 있는 사내 같다며
그 사연이 깊을 것 같다며
그 사연 들어보자며
그 사연 들려주면
한 가지 청을 꼭 들어주겠다며
자작으로 연거푸 연거푸
채운 술잔 단숨에 들이마셨네

사연이라니?
이런 것이 사연일까?
제대로 먹지도 못하고 배우지도 못하고
어린 나이에 시작하여
공장 노동자로 살아왔다는 것?
소위 공돌이였던 내가

어찌하다 시를 짓게 되었다는 것?
오늘 밤 해고 노동자 생계를 돕기 위한 바자회에서
술을 먹기 시작했다는 것?
지금 이 '우연집' 술자리에 와 있다는 것?

아니다, 나의 갈급하고 솔직한 사연은
왠지 오늘 밤 이 자리에서
수음手淫을 하고 싶은 것
그녀의 앞에서
장마철 소나기 같은 수음을 하고 싶고
그녀가 그 수음을 도와주는 것
그녀가 그토록 듣고 싶어 하던 나의 사연이
어느 사이 그녀가 들어주기로 한
나의 청이 되어버렸네

서슴없이 그녀,
맞은편 자리에서 일어나 나에게로 건너왔네
그녀의 부드러운 손길이

천천히 나의 바지 지퍼를 내렸네
은밀하게 숨겨놓은 나의 밑바닥 자존심이
그녀의 한 손아귀에 그만 잡혀 나왔네

하루 종일 땀에 젖고 비에 젖은
씻지 못한 자존심이니
물수건으로라도 대충 씻어내야 하지 않겠느냐는
내 구차한 말에 아랑곳하지 않던 그녀
나의 자존심을 덥석 한입에 물고
더러운 오물들을 오물오물 씻어냈네
내 자존심의 더러운 오물들이
그녀의 입술과 혀끝에 의해
하나하나 씻겨나갈 때마다
내 자존심은 빨갛게
정화되어 발기되고 발기되었네

발기되다못해 숙연해졌네
서러워졌네

그 서러움을 참다못해
왈칵 피비린내 나는 눈물을 쏟고 말았네
깊고 깊은 그녀의 가슴에
얼굴 파묻고 울고 말았네
나의 등을 어루만져주는
그녀의 따스한 손길을 느끼며
장마철에 내리는 빗물처럼 울고 말았네

다음 날 저녁 그녀가 출근할 시간
외상 술값 삼만오천 원
꼬깃꼬깃 챙겨 들고 찾아간 '우연집', 주모
그녀는 다시 '우연집'에 오지 않을 거라 했네
어젯밤 처음 일용직으로 나왔던 거라 했네
공장에 나가던 남편이
젊은 나이에 병들어 죽었다 했네
나를 보고 노동을 해본 사람은 아닌 것 같다며
몸이 병들고 쇠약해져
노동을 못 하게 되었다는 나의 말에

아무래도 거짓말 같다며
정성스레 나의 서러운 수음을
어루만져주고 쓰다듬어주던 그녀!

하염없네, 하염없네,

내 이름은 정세훈

내가 아닌 내가 나를 살아온 것처럼 살아간다
그렇게 살아온 햇수는 어언 예순다섯 해
하고도 일 개월 열이틀 스물한 시간
매우 답답하게 조여오는 치욕스런 숫자 낱말들이다
내가 아닌 내가 나를 억지로 증명하기라도 할 듯
나의 육신은 끊임없이 세포갈이를 한다
죽어야 다시 살아난다는 세포갈이!
세포갈이는 쉼 없이 나를 죽이고 다시 탄생시키지만
내가 아닌 나는 나를 끝내 증명할 수 없다
나에게 부여된 이름이 나를 증명할 수 있는가
세포갈이를 연이어 시도하지만 여전히
내가 아닌 내가 나를 살아온 것처럼 살아간다
마침내 내 육신이 세포갈이를 멈춘다면
내가 아닌 내가 비로소
내가 아닌 내가 되는 것에
영원히 종지부를 찍을 것이다
유일하게 나로부터 세포갈이를 하지 않는 것은
내가 아닌 내가 나를 살아온 것처럼 살아가는 것을

증명하기 위해 부여된 내 이름은 정세훈!

세포갈이마저 할 수 없는,
이미 영원히 죽어버린 나의 가엾은 세포

단풍 들 때

나의 생이여 즐거운가 그렇다면 그 즐거움은
단풍 들 때 동맥 끊듯 끊어지거라
행여 도적같이 지나온 전생이었든
혹여 찰나같이 닥쳐올 내세이던
차마 하지 못하고, 못 할 사랑
엉겁결에 저질러놓고
행복에 겨워 있다면 그 행복 단풍 들 때
가을볕 수수 모가지 잘라지듯 잘라지거라
천상의 고통이 지상으로 내려오고
지상의 고통이 천상으로 올라가는
그리하여 머지않아 발가벗겨질 온 천지가
울긋불긋 울긋불긋 단풍 들 때
나의 생이여 아름다운가 그렇다면 그 아름다움은
단풍 들 때 마른 지상에 물 번지듯 지워지거라

제4부

불면의 노동

말이 된 노동보다
말이 되지 못한 노동이
깊어가는 가을밤을
더욱 깊어지게 하는 밤

그 어느 잠 못 드는 이가
올려놓은 불면의 노동인가

쌓이고 쌓여
더 이상 쌓일 수 없는
밤하늘 먹구름

하염없이
궂은비로
내려

말이 되지 못한 노동이
말이 된 노동에 물들어가듯

방울방울
뜰 안 단풍나무에
울긋불긋
물들어가고 있네

울 아버지 밤대거리 가시던 길

—월계리

1. 내^川

울 아버지 밤대거리 가시던 길

춘하사철 내^川가 흘렀어
꺼질 듯 살아나는
별불 잦은 간드레 불 밝혀 들고서
울 아버지 밤대거리 가시던 길
그 이십 리 길 탄광 길엔
춘하사철 내가 흘렀어

징검다리 돌다리가
뒤뚱뒤뚱 놓여 있는
내가 흘러서는
탄 물이 밴
아버지의 그 시린 탄복을
비 오는 여름이건
눈 오는 겨울이건

선뜩선뜩
적시어 놓았어

2. 뫼山

동행 없는 뫼
야밤 길을
홀로 밟아가셨어

밑창 난 장화 속
무좀 번진 발부리에
추적추적 달라붙는
가난 같은 괴기 서린 전설들을
달빛 없는 산어귀에
별빛 없는 산허리에
어린 시절 꿈처럼
굽이굽이 깔아 놓으시고

탄 물에 젖은 머리카락
쭈뼛쭈뼛 일어서는

뫼 너머
산이 있는 산길을
야밤 길로 밟아가셨어

3. 주막

술을 파는 주막이
내 건너
뫼 너머
표주박처럼 떠 있었어   .

한 잔 술이
열 잔 술이 되도록
열 잔 술이

한 말 술이 되도록

탄을 캐내시던 아버지의 가슴에
어머니의 속앓이 병 같은
화기 없는 버력들만
가득가득 쌓여서는

갈증 난 그 목을
끝내 털어내지 못하고
지나쳐가시던 그 주막집
해묵은 처마 끝에

낙숫물처럼
고드름처럼
대롱대롱
매달리어 있었어

4. 밤길

무거워하셨어

건너 마을 오부자네
스무 마지기 논둑길을
밟고
밟아 가시며

만삭이 된
그 드넓은 논둑길을
꾸역꾸역
밟아 가시며

산 고랑창 다랑논
두어 마지기
끝물처럼
지어내시던 아버지

탄을 캐러 가시던
그 기나긴 밤길을
가며가며
천근만근 무거워하셨어

내 어릴 적
공장으로 나를 떠나보낸
내 고향 월계리
울 아버지 밤대거리 가시던 길

진짜 술맛

땀방울들은 잘 알지

뜨거운 여름볕 아래 김을 매는
따가운 가을볕 아래 추수를 하는
몸에서 방울방울져 나온
알곡 같은 땀방울들은 잘 알지

공장 용광로에서 쇳물을 녹인
건축공사장에서 건물을 쌓아 올린
몸에서 찐득찐득 배어 나온
생필품 같은 땀방울들은 잘 알지

그저 잡설로
휘청휘청
마셔댄 몸으로는
절대 알 수 없는

진짜 술맛을

아가의 장난감

아가는, 나무젓가락을 고집한다

눈앞에
할아버지가 사다 준 오뚝이
할머니가 사다 준 딸랑이
아빠가 사다 준 불자동차
엄마가 사다 준 곰 인형
삼촌이 사다 준 물총
고모가 사다 준 얼룩 공
수많은 장난감들이
수두룩하게 놓여 있지만

자장면을 시켜 먹고 버린
나무젓가락을 갖고 놀길 고집한다

어른들이,
가지고 놀기에 좋은 장난감들이 수두룩한데
왜 하필이면 나무젓가락을 갖고 노는 것이냐며

자신들이 사다 준 장난감을 쥐어 주려 하지만
나무젓가락을 꼭 움켜쥔 채

한사코, 어른들의 그 장난감을 밀쳐버린다

심호흡하는 언덕마루

파지 가득
주워 실은 리어카
떠밀려가듯
끌고 가는 연로한 노파

버거운 짐에 밀려온
힘에 겨운 노쇠한 삶
행여 자칫 넘어질세라
파지에 깔릴세라

힘이 바짝 들어간 발꿈치
바들바들 멈추어 선
비탈진 내리막
심호흡하는 언덕마루

꽃구경

구겨진 채 벽 말코지에
덩그마니 걸려 있는
허옇게 핀 할아버지의
낡은 작업복 바지가

영정이 되어 향불 앞에 놓인
젊었을 적
할머니의 색 바랜 흑백사진보다
더욱더 찌들어 보이는 지하 단칸 셋방

가부좌를 틀고 앉은
팔순 노인 할아버지는
자꾸 눈물을 훔치신다
소리도 없는 그 눈물을

육이오 전쟁통에
하나 있던 자식
가슴에 묻어버려야만 했던

그 가슴앓이!

두고두고 살아오면서
감당해내기 어렵기야 했지만
그래도 지금껏 한마음 한 몸이 되어
함께 버티어주었던 할머니

꽃피는 봄날에 꽃구경 가듯이
훌쩍
저승길을 홀로 밟아 떠나간
그 홀연한 주검 앞에

돌아오는 내년 봄엔 우리도
열 일 제쳐놓고
더 늙어 죽기 전에
남들처럼

어디로든

꽃구경 한번
꼬옥
함께 가보자던 할머니

끝내 그 꽃구경시켜주지 못했다는

아기 개나리

비 막이 하나
걸치지 못한
폐업 공장
폐기물 야적장

버림받은 낡은 기계들
이슬비에 젖어
녹물 흘리는
이른 봄 저녁나절

버린 듯이,
그 누가 심어 놓았나
스멀스멀
녹물 스며드는 자리에

아기 개나리 한 그루
샛노랗게
샛노랗게

개나리꽃 피웠네

어머니의 재봉틀

하룻밤 눈요깃거리가 되어가고 있다

마른버짐 하얗게 핀
걸신들린 막내
젖가슴에 매달리면
마른 젖꼭지 물린 채로

아버지의 삼베적삼을 만들어내고
누이의 무명치마를 지어내고
내 헤진 바지 무릎을 기워내던
어머니의 손 땀 서린 재봉틀이

맥주와 양주와 녹차와 커피
냄새들이 향 헤프게
뒤섞여 깔려오는
이 풍진 가을밤

카페

'그 옛날'의 식탁 다리가 되어

팔푼이

웃어야 할 자리이건 웃지 말아야 할 자리이건
언제나 헤헤 웃으며 다닌다 하여
참견해야 할 자리이건 참견하지 말아야 할 자리이건
언제나 얼굴 디밀고 참견하고 나선다 하여
팔푼이란 눈총을 받고 자란
박부자네 셋째 딸 그녀가,
다른 형제들과는 달리
제대로 배우지도 못하고
아무렇게나 시집을 갔던 그녀가
구 남매 형제들이 모두 꺼려하는
치매 걸린 맨몸뚱이 친정 노모를
알뜰살뜰히 모시고, 잘 살아가고 있답니다

어린 시절 팔푼이로 자랄 때처럼
언제나 헤헤 웃으며 참견하며

밥

차마, 삼키지를 못하네

막내에게 먹여야 할 그 밥
날름 먹어버리면

어떻게 해야 하느냐
울먹이는 맏이의 걱정에

다섯 살 동생 하나
아홉 살 형 하나

달랑
셋이서 살아가는

일곱 살 둘째
씹어대며 씹어대며

우물우물, 울고 있네

가을 길

시장바닥에 나가면
널린 게
마늘인 것이
요즘 세상인데

그 혼한 마늘보퉁이
행여 놓칠세라
거머쥐고 거머쥔
저 흙빛 칠순 촌 노파

딸네를 다니러 가시는 길인지
아들네를 다니러 가시는 길인지
흐트러진 머리카락
가을바람에 휘날리며

더딘 걸음
더딘 걸음
종종거리며

서울로 가는

코끝 시큰한 해 짧은 가을 길

대중이가 울었단다

오늘 대중大衆이가 울었단다

열한 살 대중이가 울었단다
좋은 옷 입고 싶다고 맛있는 것 먹고 싶다고
엄마 아빠에게 떼를 써야 할
초등학교 사 학년 아직은 어린 나이
대중이가 울었단다
동무들과 어울려 골목길에서
때로는 싸워보기도 하고
때로는 함께 말썽도 피워보기도 하고
때로는 신나게 놀아보기도 해야 할
대중이가 울었단다
삼 년 전 노동판을 전전하던 아빠
병들어 죽던 그 이듬해
공장에서 일하던 엄마마저 병들어 죽은
대중이가 울었단다
노환으로 앓아누운 할머니와
세 살 아래 철부지 남동생 대민大民이와

지하 단칸 셋방 쪽방에서
허기진 배를 달래가며
추위를 달래가며
움츠리며 살아가고 있는
대중이가 울었단다
벌써 몇 달째 학교를 가지 못하고 있는
여간해선 슬픈 빛을 보이지 않던
여간해선 울지 않던
대중이가 울었단다

어찌하다가 할머니에게
학교 대신 길 건너 식당에서
심부름하며 밥벌이하는 것을
들켜버린 대중이가
그만, 섧게 울어버렸단다

우리들의 못난이

그는 한때 한 시절을 주름잡으며 풍미했던
용못골 박씨 양반댁 막내 증손자로 태어났다
어린 시절 마을 어른들로부터 싹이 괜찮은
아이라는 입덕을 들으며 자란 그는
외국에서 명문대학까지 나와 박사가 되었다
형제들이 모두 조상으로부터 물려받은 재물과
쌓아오고 맺어온 인연들을 언덕 삼아
혹은 교육자로 혹은 정치가로 혹은 사업가로
서울 강남에서 한 자리 잡고 살아가고 있지만
그는 거름 주고 김매고 가지 치고 솎아주는 농사일뿐인
용못골에서 용못골 사람들과 함께 살아가고 있다
대학들은 그의 학문이 이대로 벽촌에서 썩고 있기엔
너무 아깝다며 교수로 와달라 안달하였고
정당들은 그의 지혜를 이대로 벽촌에 묵혀놓기엔
너무 아깝다며 국회의원 후보 공천을 받아달라 간청하였
고
재벌들은 그의 재능을 벽촌에 이대로 묻혀놓기엔
너무 아깝다며 계열사 사장으로 와달라 성화였지만

그는 그 학문들과 그 지혜들과 그 재능들을
용못골 후미진 땅심에 깊숙이 심어 놓고
용못골에서 용못골 사람들과 함께 살아가고 있다
나이 들어 반백이 다 되어가도록
도심으로 도심으로 팔려가는 인심들을 따라
덩달아 흔들려가는 용못골 땅심들을
때로는 다독이고 때로는 거름 주고 때로는 갈아엎으며

그러한 그를 보고 용못골 사람들은
살아온 것으로 보나 쌓아온 것으로 보나 그 어느 것으로
보나
도심에서 한 자리 잡고 살아갈 수 있을 터인 데
별 소득도 없고 알아주는 이 있을 리 없는 이 벽촌에서
못난 우리들 틈바구니에 끼어 꾀죄죄하게 살아가고 있는
못난이라 부르고 있는가 하면,
그를 그토록 아깝다며 안달하고 간청하고 성화였던
도심의 사람들 또한
넝쿨째 굴러온 복들을 제멋대로 걷어차 버리고

구차하고 청승맞게 살아가고 있는
못난이라 말하고 있다

'동면'으로부터의 부활과
잠재성의 현실화

이성혁(문학평론가)

1

　필자는 정세훈 시인의 여덟 번째 시집인『몸의 중심』(2016)
에 대한 서평을 쓴 일이 있다. 그 글 말미에서 필자는「장작더
미」라는 시에 주목하고, 아직 불붙지 않은 장작더미들이 "혹
독한 추위와 / 막막한 폭설과 / 당당하게" 맞서고 있다는 그
시의 구절에서 겨울의 시간 — 자본의 시간 — 에 보이지 않게
저항하는 어떤 잠재성의 시간을 읽어낸 바 있다. 그의 아홉
번째 시집인 이『동면』은 그러한 잠재성의 시간을 더 전면화
하여 의미화하고 있는 시집으로 보인다. '동면'이란 알다시피
겨울이 지난 후 봄에서 가을까지 이어질 새로운 삶을 위해
에너지를 충전하는 겨울 동안의 긴 잠이다. 그래서 동면의

시간 속에는 깨어난 이후 활동해나갈 삶이 잠재되어 있다.
그런데 정세훈 시인은 이 '동면'을 이 시집의 이름으로 내세웠
다. 시집 이름이 시집의 핵심적인 메시지를 응축하고 있다고
할 때, '동면'이라는 시집 이름은 이 시집이 잠재성의 문제를
핵심 내용으로 삼고자 했음을 짐작케 한다. 표제작을 다시
읽어본다.

전철역엔 함박눈 대신 스산한 겨울비가 내린다

이른 아침 출근길을 적시었던
때아닌 겨울비가
깊은 밤 뒤늦은 귀갓길 광장에
번들번들 스며들고 있다

가까스로 빗방울을 털어낸
고단한 발길들
승산 없는 생의 승부수를 걸어놓고
총총히 빠져나간 불빛 흐린 전철역사

포기하지 말아야 할 것들을 어쩔 수 없이 포기하듯
방울방울 떨어지는 낙숫물이
얼어붙은 노숙자의 잠자리를
실금실금 파고들고

정해진 궤도를 따라 달려온
마지막 전동차
비 젖은 머리통을 숨 가쁘게 들이밀고
들어온 야심한 밤

생이 무언지 제대로 젖어보지 못한
우리들의 겨울날은
때아닌 겨울비와 통정을 하며
또다시 하룻밤 동면에 들어가고 있다

- 「동면」 전문

위의 시에서 '동면'은 중의적인 의미를 갖는다. 우선 그것은 겨울날 피곤하게 살아가는 우리 장삼이사들의 하루하루의 잠을 의미하겠다. 하지만 이 시에서의 동면 역시 위에서 언급했듯이 봄날의 도래를 준비하기 위한 겨울잠을 의미하기도 한다. "동면에 들어가고 있"는 "우리들의 겨울날"이 "겨울비와 통정을" 한다는 마지막 구절은 바로 후자의 의미와 연관된다. 한겨울 "함박눈 대신" 때아니게 내리는 "스산한 겨울비"는 '우리들'의 "뒤늦은 귀갓길"에 "번들번들 스며들"면서 고단하게 살아가는 '우리들'을 더욱 서글프게 하지만, 한편으로 그 비는 겨울의 끝을 암시하기도 하는 것이다.

한겨울 내리는 함박눈은 우리를 포근하게 감싸는 이미지를 갖고 있다. "야산에 펑펑" "내려 쌓이"는 '흰 눈'은 "야산에 누운 무덤들"을 감싸 안는다(「야산에 누운 무덤들」). 함박눈은 매서운 추위의 겨울날을 겪고 있는 우리들에게 위안을 준다. 반면 한겨울 때아니게 내리는 겨울비는 우리들을 더욱 슬픔과 우울함에 젖게 만든다. "노숙자들의 잠자리"에 "실금실금 파고"드는 겨울비는 그들이 "포기하지 말아야 할 것들을 어쩔 수 없이 포기하"도록 이끌기도 한다. 노동자들은 "가까스로 빗방울을 털어낸"다. 삶을 아래로 가라앉히는 겨울비를 털어내지 않으면, "승산 없는 생의 승부수를 걸어놓"아야 하는 그들은 내일을 살아가기 힘들기 때문이다. 하지만 이 "겨울비와 통정을 하"는 '겨울날'은 "생이 무언지 제대로 젖어보지 못한" 우리들을 제대로 젖게 만들기도 한다. 그날은 포기와 절망에 젖어들게 만드는 시간, 생의 끝에 도달하는 시간이다. 이 시간에야말로 우리는 생이 무언지 '제대로' 깨달을 수 있다.

그 끝의 시간은 "정해진 궤도를 따라 달려온/ 마지막 전동차"가 "비 젖은 머리통을 숨 가쁘게 들이밀고/ 들어온 야심한 밤"이기도 하다. 정해진 궤도를 달리며 살아야 했던 노동자가 비에 젖은 채 '마지막'에 도달하는 시간 말이다. 그런데 이때 비로소, 생의 슬픔으로 젖은 이 겨울날은 동면에 들어간다. 슬픔으로 이끄는 겨울비와의 통정은 동면에 들어가기 위해서인지 모른다. "때아닌 겨울비"와 통정하면서 겨울날은 봄날의 도래를 꿈꾸는 잠을 잘 수 있기 때문이다. 하여 동면 속으로 들어간 겨울날에는 잠재적으로 봄날이 형성될 것, 그래서 시인은 우리의 생을 '제대로' 적시는 저 겨울비를 털어내지 말 것을 우리에게 권하는 것 같다. 도리어 저 겨울비와 통정하면서 동면에 들어가야 한다고 말이다. 이에 따르면 우리는 슬픔을 껴안고 동면에 듦으로써 신생할 봄날을 잠재적으로 형성할 수 있어야 한다.

이를 달리 말하면 어떤 절망적인 상황에 놓여 동면에 들어간 듯이 보이는 삶에서도 신생의 힘이 잠재해 있음을 투시할 수 있어야 한다는 말이기도 하다. 보이지 않는 것을 볼 수 있어야 한다. 정세훈 시인은 보이지 않는 것에 대해 다음과 같이 말하고 있다.

보이지 않는 것이 보이는 것보다
오히려 선명하게 보일 때가 있다

보이는 것은 보이는 만큼
보여주면서 멀어져가지만
보이지 않는 것은 보이지 않는 만큼
보여주지 않으면서 가까이 다가온다

보이지 않는 바람이 늘 내 귀밑머리에 앉아 있다
보이지 않는 사상이 늘 내 가슴속을 차지하고 있다
　　　　　　　　　　　　　－「보이지 않는 것」 전문

위의 시는 이 시집에 내장되어 있는 정세훈 시인의 시론을 압축하고 있는 시로 보인다. "보여주지 않으면서 가까이 다가" 오고 있는 무엇을 포착할 수 있는 눈, 이야말로 시인의 눈이라고 할 것이다. 보이는 것은 점점 멀어져가지만, 보이지 않는 것은 가까이 다가오면서 "선명하게 보일" 수 있다는 전언은 우리의 허를 찌르는 바가 있다. 우리는 보이는 것에 대해 이미 인지하고 있다고 여겨 마음을 쓰지 않는다. 그러나 보이지 않는 것에 대해서는 그것을 더욱 세심하게 인지하기 위해 마음을 쓰게 된다. 시는 어떤 대상의 보이지 않는 면을 보기 위해 마음을 다할 때 형성되기 시작한다. 시 쓰기란 보이지 않는 것, 잠재해 있는 것이 우리 삶과 세계를 지탱하고 형성하는 지반이자 힘임을 시적으로 인식하는 과정이기도 하다. "보이지 않는 사상"과 "보이지 않는 바람"이 마음과 감각을 저변에서 지탱하고 형성하는 힘이라는 것을 인식하듯이 말이다. 하여 정세훈 시인은 절망적인 상황에 놓인 한겨울의 삶, 그리하여 동면에 들어간 삶으로부터 보이지 않는 잠재성 ―신생을 가져올 봄― 을 포착하고 인식하고자 한다. 이 『동면』은 시인의 그 잠재성의 인식을 향한 시적 여정이 담겨 있는 시집이다. 그는 겨울로 들어서고 있는 자기 자신의 삶부터 투시하면서부터 이러한 여정을 시작한다.

2

시집 3부에는 정세훈 시인 자신이나 지인들의 처지나 경험을 구체적으로 드러내는 시편들이 실려 있다. 「가을 아침」에서 시인은, 시 제목이 암시하듯이, 현재의 자신을 겨울을 앞둔 가을의 시간을 살고 있는 사람으로 나타낸다. 등을 꼿꼿하게 펴고 집을 나섰던 "팔팔했던, 중년" 때와는 달리 "내 등은 굽었다"는 것. 이 신체의 노화를 시인은 낡은 신발이라는 객관적 상관물로 표현한다. 그런데 "늙어가는 나 자신으로부터 / 그리운 사람이 되어야겠다"는 구절로 이 시가 마무리되고 있는 것을 보면, 시인은 이 가을의 시절을 받아들이고자 하는 마음을 갖고 있다. 아래의 시는 이러한 시인의 마음을 '고풍'스럽고 농도 짙은 서정으로 드러낸다.

이윽고,
서산에 해그림자 깔리는 저물녘

언제부터
저 아득한 절벽의
위태로운 바윗덩이를
떠받치고 있었을까

허리 굽은 늙은 상수리나무

은빛 물결 이는
물속으로
물그림자 되어 잠긴다

고스란히
잠기는 모습에
그냥
눌러살고 싶어진다

노독勞毒을 잔뜩 짊어지고
잠시 요양하러 온 마음
절벽 위에 집을 지은
물새 한 마리 되어

저물어가는 호수 위를
마냥 맴돈다

-「고풍古風」전문

　"해그림자 깔리는 저물녘"에 다다른 시간, 이 시간에도 "절벽의 / 위태로운 바윗덩이를" 여전히 "떠받치고 있"는 상수리나무. 그 나무는 '언제부터'인지 모를 정도로 오랜 시간 동안 '바윗덩이'를 떠받치고 있었을 것이다. 그 나무는 이젠 허리 굽어 늙은 모습을 하고 있는 것이다. 저 나무 역시 '바윗덩이'와 같은 "노독勞毒을 잔뜩 짊어지고" 있는 시인 자신을 투영한 객관적 상관물일 테다. (정세훈 시인은 공장에서 얻은 병을 오랜 시간 동안 앓았다고 한다. '노독'은 은유가 아니라 실제인 것이다.) 그런데 절벽에서 바윗덩이를 떠받치는 일을 하고 살아온 그 나무는 이제 "물속으로 / 물그림자 되어 잠"기고 있다. 그리고 저 나무에 자신을 투영하고 있는 시인 역시 저 물속에 잠기고 있는 나무의 그림자처럼 세상 속에 "그냥 / 눌러살고 싶어"진다. 그래서 그의 마음은 "절벽 위에 집을 지은 / 물새 한 마리 되어 // 저물어가는 호수 위를 마냥 맴"돌고 있다.

　이렇게 읽을 때 위의 시는 정세훈 시인이 해가 저무는 시간 ― 계절로는 가을의 시간 ― 을 마음으로 받아들이면서 저 늙은 상수리나무의 물그림자처럼 물속에 잠기고 싶은 마음을 보여주고 있다고 하겠다. 그는 여전히 절벽에서의 삶을 벗어나지 못하겠더라도, 그 절벽 위에 집을 짓고는 그 아래의 물속에 잠겨 안식을 얻고자 하는 마음. 이를 보면, 오랫동안 노동하면서 노동자의 삶을 자본으로부터 구출하고자 활동해왔던 정세훈 시인 역시, 이제는 쉬고 싶은 마음을 가지게 된 것인지 모른다. (그래서 그는 이 시집에서 가장 긴 시인 「장마」에서 "몸이 병들고 쇠약해져 / 노동을 못 하게 되었다는 나의 말에" 아무런 금전적 보상 없이 "정성스레 나의 서러운 수음을 / 어루만져주고 쓰다듬어주던" 어떤 작부에게 '하염없'는 감사의 마음을 표현하고 있는 것이겠다.)

그런데 이 저무는 시간인 가을은 한편으로 추수의 계절이자 나무들이 단풍으로 물드는 계절이기도 해서 가장 아름답고 행복한 시간을 우리에게 선사하기도 한다. 추수 이후 가을은 노동으로부터 벗어난 안식을 우리에게 가져다주며 풍족한 먹거리도 남겨준다. 또한 여기저기에서 울긋불긋 불붙은 단풍은 지상을 아름답게 물들인다. 그런데 아래의 시에서 시인은 이 "단풍들 때"를 어떤 단절의 시간으로 삼으려고 한다. 무엇으로부터의 단절인가? 즐거움과 행복, 아름다움으로부터의 단절이다.

나의 생이여 즐거운가 그렇다면 그 즐거움은
단풍 들 때 동맥 끊듯 끊어지거라
행여 도적같이 지나온 전생이었든
혹여 찰나같이 닥쳐올 내세이던
차마 하지 못하고, 못 할 사랑
엉겁결에 저질러놓고
행복에 겨워 있다면 그 행복 단풍 들 때
가을볕 수수 모가지 잘라지듯 잘라지거라
천상의 고통이 지상으로 내려오고
지상의 고통이 천상으로 올라가는
그리하여 머지않아 발가벗겨질 온 천지가
울긋불긋 울긋불긋 단풍 들 때
나의 생이여 아름다운가 그렇다면 그 아름다움은

단풍 들 때 마른 지상에 물 번지듯 지워지거라
– 「단풍 들 때」 전문

　위의 시에 따르면, "단풍 들 때"는 한편으로 천지가 "머지않
아 발가벗겨질" 것임을 예고하는 시간이기도 하다. 가장 아름
다울 때는 가장 처참해지기 직전의 시간에 현현한다. 천지가
발가벗겨지는 겨울의 시간, 죽음의 시간의 직전에 말이다.
그 시간이 되면 "지상의 고통이 천상으로 올라가"는 동시에
"천상의 고통이 지상으로 내려오"기도 한다. 이때 행복과
즐거움, 아름다움에 취해 있던 삶은 생을 쓸어버리는 겨울의
가차 없음에 충격을 받고 고통스럽게 될 터이다. 시인에게
아름답게 물든 단풍은 그렇게 고통스러워질 시간의 도래를
미리 예고한다. 그래서 그는 "단풍 들 때"에는 즐거움이 "동맥
끊듯 끊어지거"나 행복이 "수수 모가지 잘라지듯 잘라지"기
를 소망한다. 그럼으로써 단풍의 아름다움 역시 "물 번지듯
지워"질 것이다. 그 단절의 소망은 삶의 행복, 즐거움, 아름다
움이 발가벗겨지는 데서 오는 충격과 고통에 미리 대비하고자
하는 마음에서 왔을 것이다.
　달리 말해, "단풍 들 때"가 되면 시인은 겨울의 도래를
대비한 '동면'에 들어가고자 한다고도 하겠다. 아름다운 "단
풍 들 때"를 신호 삼아 그는 생의 즐거움과 행복, 아름다움으로
부터 단절하는 일종의 작은 죽음 — 동면 — 을 택하고자 하는
것이다. 물론 이 동면은 완전한 죽음, 자살을 의미하지 않는다.

「내 이름은 정세훈」에서 시인이 말하듯이 "죽어야 다시 살아난다는 세포갈이"를 끊임없이 해나가야 하는 '육신'처럼, 삶역시 죽어야 다시 살 수 있기 때문이다. 동면은 '세포갈이'에서일어나는 죽음과 같이 새로운 삶을 생성하기 위해서 전제되어야 하는 작은 죽음이다. 늙은 상수리나무의 물그림자처럼물속으로 잠기고 싶은 시인의 욕망 역시 동면을 향한 욕망이며, 그 동면에의 욕망은 또 다른 삶의 생성을 향한 욕망에다름 아닌 것이다. 「내 이름은 정세훈」은 삶은 죽음을 통과하면서 이루어져 왔으며, 그래서 "여전히 / 내가 아닌 내가 나를살아온 것처럼 살아"가고 있다는 깨달음을 보여준다. 이에따르면 "나에게 부여된 이름이 나를 증명할 수"는 없다. (흥미롭게도 시인은 "내가 아닌 내가 나를 살아온 것처럼 살아가는것을 / 증명하기 위해 부여"된 자신의 이름만은 세포갈이를하지 않는, "이미 영원히 죽어버린 나의 가엾은 세포"라고말하고 있다. 이 죽어버린 세포인 나의 이름은 내가 아닌나에게 나라고 여기며 살아왔음을 아이러니하게 증명해준다는 것이다.)

그렇다면 낡은 신발처럼 등이 굽은 삶, 늦가을의 시간을살아가는 정세훈 시인은 작은 죽음인 동면에 듦으로써 새로이삶의 세포갈이를 이루어낼 수 있으리라고 희망하고 있을지모른다. 동면을 통해 겨울을 견디면 봄은 올 것이고 새로운삶은 시작될 것이라고 말이다. 이 시집에 나이 들고 아픈사람들, 나아가 죽음을 맞이한 이들을 조명한 시가 많은 것은 스러져가는 삶에 대한 비애를 표명하는 것이기도 하겠지만, 그럼에도 불구하고 그 조명은 삶은 지속되는 것이라는 신생에 대한 믿음을 바탕에 두고 있다.

3

삶의 겨울은 생물학적 나이, 노년만을 가리키지 않는다. 혹독한 추위의 겨울은 고난의 시간을 은유하기 때문이다. 물론 많은 노인들이 겨울날의 추위와 같은 고난을 견디며 억척같이 살아간다. 한편으로 밖으로 뻗어나가지 못하는 그들의 삶을 동면의 삶이라고도 할 수 있을 것이다. 그런데 동면의 삶은 아이 역시도 살아가고 있다. 적지 않은 아이들도 혹독한 겨울의 삶을 살고 있는 것이다. 이 시집의 4부는 그렇게 고난을 견디면서 살아가고 있는 노인과 아이들의 삶을 그려낸 몇 편의 시편들이 실려 있다.

가령, "비탈진 내리막"길에서 "파지 가득 / 주워 실은 리어카"를 "떠밀려가듯 / 끌고 가"다 힘에 부쳐 자칫 깔릴 수 있는 위험한 삶을 지탱하는 "연로한 노파"(「심호흡하는 언덕마루」)라든지 자식에게 갖다주려는지 "그 흔한 마늘보퉁이 / 행여 놓칠세라 / 거머쥐고 거머쥔 / 저 흙빛 칠순 촌 노파"(「가을 길」) 등에 대한 시편들은 겨울의 삶을 살아가고 있는 노인들에 대한 조명이다. 「꽃구경」은 꽃구경 한번 못 하고 저세상으로 간 거의 평생 "지하 단칸 셋방"에서 살아온 '할머니'에 대한 조명이다. 이와 함께 시인은 이 노인들과 대칭적으로 아이들을 조명하기도 하는데 시화(詩化)되고 있는 이들 아이들은 가난으로 인해 불우하게 살고 있는 이들이다. 아홉 살 맏이가 다섯 살 막내에게 먹여야 할 밥을 일곱 살 둘째가 먹었다고 울먹이는, 부모 없이 "달랑 / 셋이서 살아가"(「밥」)고 있는 가족의 모습은 겨울을 사는 아이들이 우리 사회에 여전히 존재하고 있음을 가슴 아프게 보여준다.

특히 「대중이가 울었단다」라는 시가 주목된다. 이 시는, "노동판을 전전하던 아빠"와 "공장에서 일하던 엄마"가 병들어 죽은 후 "지하 단칸 셋방 쪽방"에서 "노환으로 앓아누운 할머니"와 세 살 아래 동생과 살고 있는 "초등학교 사 학년" '대중이'의 울음을 조명한다. '허기진 배'와 "추위를 달래가며 / 움츠리며 살아가고 있"음에도 "여간해선 슬픈 빛을 보이지 않던" 대중이가 "섧게 울어버"리게 되었던 것은, "몇 달째 학교를 가지 못하고" "길 건너 식당에서 / 심부름하며 밥벌이하는 것을" 할머니에게 들켜버렸기 때문이다. 여기서 주목되는 점은 아픈 자신을 부양하기 위해 어린 손자가 밥벌이를 하는 모습을 본 할머니와 할머니 몰래 일을 하고 있는 모습을 들켜버린 아이와의 서러운 마주침이다. 부양자가 없는 아이와 노인은 모두 사회적으로 경제적 약자이다. 이들은 나이 차에도 불구하고 공통분모를 갖고 있는 것이다. 이들은 모두 겨울의 삶, 동면하는 삶을 살고 있다. 그렇기에 저 노동해야 하는 어린 손자와 노환으로 앓고 있는 할머니의 마주침에서 그 둘은 강한 감정적 유대 ― 서러움 ― 를 맺는다. 둘은 겨울의 세상에서 버려져 바람막이 없는 추운 바람에 무방비로 노출되어 있는 이들이다.

하나 할머니의 삶은 아이의 삶에서 새로이 이어질 수 있다고 말할 수 있지 않을까? 노환을 앓는 할머니의 삶은 오래 지속되기는 힘들겠지만, 그 삶을 할머니와 강한 정서적 유대관계를 아이의 삶이 이어간다고 말이다. 아이는 폐허 속에서도 꽃을 피우는 생명력을 갖고 있을 것이다. 아래 시의 '아기 개나리'처럼.

비 막이 하나
걸치지 못한
폐업 공장
폐기물 야적장.

버림받은 낡은 기계들
이슬비에 젖어
녹물 흘리는
이른 봄 저녁나절.

버린 듯이,
그 누가 심어 놓았나

스멀스멀
녹물 스며드는 자리에

아기 개나리 한 그루
샛노랗게
샛노랗게
개나리꽃 피웠네.

– 「아기 개나리」 전문

　　"폐업 공장"과 "폐기물 야적장"의 "버림받은 낡은 기계들"
은 겨울의 시간— 후기 자본주의— 을 지나가고 있는 우리
시대를 상징하는 한편, 위에서 보았던 버림받은 노인들을
연상케도 한다. 또한 사회로부터 버림받은 그것들은 과도한
노동으로 죽음을 맞이해야 했던 '대중이'의 부모와 동궤의
운명체라고도 하겠다. 이들 버림받은 존재자들로부터 대중이
와 같이 가난한 아이들이 탄생하고 겨울의 삶을 살아간다.
그 아이들은 저 "녹물 흘리는" "낡은 기계들"의 자식들인
것이다. 그러나 이 아이들은 '녹물 스며드는 자리'에서 새로이
심어 놓은 '아기 개나리 한 그루'와 같은 존재자다. 바야흐로
온 세계가 동면에서 깨어나는 '이른 봄'이 도래하고, 이에
아기 개나리는 '개나리꽃'을 피우기 시작한다. 이 개나리꽃은
보호자의 보호에 의해 피어나는 것이 아니다. 저 녹물 흐르는
폐허를 자기 스스로 딛으며 피어난다. 할머니 몰래 식당에서

일할 것을 스스로 결정한 초등학교 4학년 생 '대중이'처럼 말이다.

　신생하는 존재자들은 자신의 생명력으로 자라난다. 폐허에서 개나리꽃을 피우는 아기 개나리처럼 말이다. 그래서 주체적이다. 어른들이 사다 준 좋은 장난감들을 밀쳐버리고 한사코 "자장면을 시켜 먹고 버린 / 나무젓가락을 가지고 노는"(「아가의 장난감」) '아가'처럼. 아가는 값비싼 장난감이 좋은 것이라고 여기지 않는다. 자기에게 가장 갖고 놀기 좋은 사물이 아가에게는 가장 좋은 장난감이다. 아가는 누가 심어 놓았는지 모르는 아기 개나리처럼 야생적인 존재자인 것이다. 이 신생하는 존재자들은 "바람 타고 날아와" "제멋대로" "싹을 틔우고 / 뿌리를 내려" 피어나는 민들레꽃과 같다. 그 민들레꽃은 새로이 자라나며 세상에 뿌리를 내리는 생명의 '본질'을 보여준다. 민들레꽃처럼 야생의 생명은 제멋대로 싹을 틔우면서 꽃밭 — 공동의 삶 — 을 만들어낸다. 겨울의 세상을 살아가는 '대중이'처럼 그 야생의 생명은 절벽 같은 고난의 지대나 비바람을 막지 못하는 들판에 삶의 뿌리를 내리면서 새로이 삶의 시간을 부화시킨다. 아래의 시가 보여주고 있는 "뿔논병아리 한 쌍"이 낳은 알들도 그러하다.

　　뿔논병아리 한 쌍
　　호수에 둥지를 틀었습니다
　　지푸라기를 모아

둥지를 틀었습니다
하필이면
출렁거리는 물 위에 틀었습니다

둥지를 튼 호수에 장마가 들었습니다
폭풍우가 쏟아집니다
거센 파도가 칩니다
둥지가 요동칩니다
둥지의 지푸라기들이 흩어집니다
품고 있는 알들이 굴러떨어질 듯합니다
뿔논병아리 한 쌍
지푸라기들을 다시 모아
무너지는 둥지를 보수합니다

조마조마하는
사이,

장마가
폭풍우가
거센 파도가
알들을 부화시킵니다

호수를 부화시킵니다

'뿔논병아리'는 병아리의 한 종류가 아니라 철새의 한 종류다. 이 뿔논병아리가 둥지를 튼 곳이 "하필이면 / 출렁거리는 물 위'다. 그 둥지를 보호하는 것은 아무것도 없어서 폭풍우나 파도에 그대로 노출되어 있다. 하여 폭풍과 파도에 요동치는 둥지 속의 알들이 굴러떨어질 위험에 처한다. "뿔논병아리 한 쌍"은 "지푸라기를 다시 모아 / 무너지는 둥지를 보수"한다. 시인은 이 일련의 위험 속에서 알들이 부화하며 새로운 생명이 탄생한다고 본다. 뒤집어본다면 장마와 폭풍우와 거센 파도가 알들을 부화시키고 있다는 것이다. 시인은 나아가 바로 이 알들의 부화가 둥지의 터전인 호수마저 새로이 부화시킨다고 생각한다. 장마와 폭풍우와 거센 파도에 의해 부화하는 알들로 인해, 호수 역시 새로이 생명을 얻는다. 신생하는 생명이 삶의 터전도 변화시킨다는 이 이야기가 의미하는 바는 분명하다. 사회와 같은 삶의 터전 역시 그 구성원들이 새로운 생명을 얻어 성장할 때 새로이 변혁될 수 있다는 의미 말이다.

4

새로운 생명을 얻는 일, 그것은 겨울잠을 자고 있던 생명체

들이 죽음과 같은 잠에서 깨어나 부활하는 일이다. 「호수」에 따르면 부활은 장마와 폭풍우와 거센 파도를 견뎌낼 때 가능하다. 이 견뎌냄의 시간이 혹한의 겨울을 견뎌내는 동면의 시간, 나아가 동면 속에서 보이지 않게 부화되고 있는 잠재성의 시간이다. 「호수」에서처럼 이 보이지 않는 잠재성을 감지하고 인식하고 있는 정세훈 시인에게는 '혹한의 겨울날'이 두렵거나 절망스럽지 않다. "얼음 아래로는 여전히 강물이 흐르고 / 그 강물에 여전히 빙어들"(「혹한에 얼어붙은 강」)이 살아 움직이고 있음을 알고 있기 때문이다. (그래서 그는 "언 강 위에 앉아" "이따금 빙어 낚시를 즐"긴다고 한다.) 또한 그는 "혹한에 얼어붙은 강은" "서서히 언 몸을" 풀기 때문에 "쉽게 금이 가거나 / 어느 한순간 깨져 무너져버리지 않는다'는 것을 알기에, 강 위를 "성큼성큼 길을 내어 건너"(같은 시)가기도 한다. 혹한을 온몸으로 맞아 단단히 얼어붙을 때 삶의 길도 단단해질 수 있다. 그래서 도리어 "어쭙잖은 추위에 어설프게 얼어붙은 강이 / 늘 내 생을 불안하게 한다'(같은 시)는 것이다.

어중간하게 추위에 얼어붙은 생은 쉽게 깨질 수 있다. 혹한이 삶을 '제대로' 단단하게 만들며 부활을 위한 잠재력을 보존할 수 있다. 이 부활의 잠재력은 얼음 밑에서 빙어와 같은 생명을 품고 봄의 도래를 기다리며 흐르고 있는 강물의 인내로부터 나온다. 혹한으로 언 얼음은 겨울의 추위로부터 강물 속 생명을 보존해주는 버팀막이 되어준다. 이 기다림의 끝에 봄은 오고 강물은 부활할 것, 기다림이 없다면 부활도 없다. 「부활초」에 등장하는 '부활초' 역시 "언제 내릴지 모를 / 빗방울을 기다"리면서 부활이 도래할 날을 꿈꾼다. 현재 이 부활초는 "바싹 말라 오그라든 몸"으로 "온 사막을 굴러다"니는, "이미 산목숨이 아"닌 처지이지만, "언젠가는 / 물웅덩이를" 만나 "웅크렸던 가지를 펼"칠 날이 올 것임을 믿고 "빗방울을 기다"린다. 그리하여 그것은 다음과 같이 부활할 것을 믿는다.

기다리는 빗방울
섣불리 오지 않겠지만
그 언젠가 오는 날
오랜 세월 품었던 내 씨앗을
모래벌판으로 튕겨 보낼 것입니다

튕겨진 씨앗은
모래투성이 세상에
싹을 틔우고
꽃을 피우고
열매를 맺을 것입니다

태양도 감당치 못하는 사랑을 이룰 것입니다

– 「부활초」 후반부

부활은, 반복해서 인용하자면, "오랜 세월 품었던 내 씨앗을 / 모래벌판으로 튕겨 보낼" 때, 그리하여 "모래투성이 세상에 / 싹을 틔우고 / 꽃을 피우고 / 열매를 맺을" 때 비로소 이루어 질 것이다. 다시 말하면 새 생명을 얻는 것을 넘어 이 사막의 세상에 어떤 결실인 열매까지 맺을 수 있을 때 부활은 이루어 졌다고 할 수 있는 것이다. 그 결실은, "뿔논병아리 한 쌍"처럼 사랑으로 알을 낳고 그 알의 부화를 위해 둥지를 보수하며 폭풍우와 파도를 견뎌낼 때 이루어질 것이다. 그것은 사막 위로 내리쬐는 태양의 열도 "감당치 못하는 사랑"으로 이루어 낸 것이다. 이 사랑이 악조건 아래에서의 부활을 이루어낸 것, 역으로 악조건 속에서 새 생명을 부화시키고 지탱해내기 위해서는 사랑이 불가결하다고도 말할 수 있다. 맹그로브 나무들처럼 말이다.

지상의 모든 나무들은
흙 속에 뿌리를 내리지만
습지의 맹그로브 나무들은
진흙 위에 뿌리를 내린다

지상의 모든 나무들은
제 뿌리로 제 한 몸 겨우 지탱하지만
습지의 맹그로브 나무들은
서로의 뿌리로 서로의 몸을 지탱해준다

자리를 잡은 곳이 온통 진흙투성이어서
단단하게 뿌리를 내릴 수 없는 맹그로브 나무들
제각각 흩어져 뿌리를 내리면
이내 모두 쓰러져 죽어버릴 맹그로브 나무들

모두 모여 함께 뿌리를 내려
서로의 뿌리에 서로의 뿌리를 엮어간다
한 그루 두 그루 열 그루 백 그루
서로의 뿌리에 서로의 뿌리를 심어간다

세세연년 맹그로브 숲을 우거지게 한다
－「맹그로브 나무」 전문

　습지의 "진흙 위에 뿌리를 내리"는 "맹그로브 나무들"은 "서로의 뿌리로 서로의 몸을 지탱해"야 삶을 유지한다. 흙 위에 뿌리를 내리는 "지상의 모든 나무들은／제 뿌리로 제 한 몸 겨우 지탱햐'는 것과는 달리 말이다. 진흙투성이 위에서 살아야 하는 맹그로브 나무의 삶은 "제각각 흩어져 뿌리를 내리면／이내 모두 쓰러져 죽어버릴" 터, 그래서 "모두 모여" "서로의 뿌리에 서로의 뿌리를 엮어"가고 "서로의 뿌리에 서로의 뿌리를 심어"가는 것이다. 서로가 서로를 엮고 심어가는 삶, 이 삶이란 진흙이라는 악조건도 감당치 못하는 사랑의 삶이다. 진흙 밑에서 이루어지는 이 사랑은 보이지 않는다. 이 보이지 않는 사랑이 우거진 "맹그로브 숲"의 잠재성이며, 숲을 이루게 하는 이 잠재성 — 사랑 — 이야말로 이 숲의 '본질'이다. 정세훈 시인은 '본질'에 대해 쓴 한 편의 시를 시집 맨 앞에 배치해두었다. 이 시를 다시 읽으면서 이 글을 마치도록 한다.

지상의

새 떼가 다급히 어디론가 날아간다
겨울잠을 자던 개구리와 뱀들이
떼를 지어 밖으로 기어 나온다
잉어들이 자꾸만 물 위로 뛰어오른다
개들이 한꺼번에 마구 짖어댄다

그 순간
보이지 않는
깊숙한

지구 내부에서

험한
지진과 해일의

전조현상이

꾸물꾸물 일어나고 있다

- 「본질」 전문

"깊숙한 // 지구 내부에서" 일어나는 "지진과 해일의 / 전조현상"이란 바로 전복의 미래가 잠재적으로 형성되고 있음을 의미하지 않겠는가. 잠재적으로 일어나고 있는 보이지 않는 전복. 시인에 따르면 이 잠재적으로 일어나는 전복이 바로 '본질'이다. 전복의 잠재성은 보이지 않지만 새 떼나 잉어들, 개들은 이를 감지한다. 특히 "겨울잠을 자던 개구리와 뱀들'은 이를 감지하고는 동면에서 깨어나 '떼를 지어 밖으로 기어나' 오고 있다. 동면에서 깨어나 새로이 산다는 것, 다시 말해 죽음으로부터 부활하면서 어떤 악조건도 감당할 수 없는 사랑을 하고 열매를 맺으며 숲을 이룬다는 것은 사막과 같은 세상을 전복할 세계 내부의 잠재성이 땅 위로 현실화되는 과정이기도 하다. 그것은 또한 세계의 '본질'이 실현되는 과정인 것이다.

동면

초판 1쇄 발행 2021년 01월 29일

지 은 이 정세훈
펴 낸 이 조기조
펴 낸 곳 도서출판 b

등   록 2003년 2월 24일 (제2006-000054호)
주   소 08772 서울시 관악구 난곡로 288 남진빌딩 302호
전   화 02-6293-7070(대) 팩시밀리 02-6293-8080
이 메 일 bbooks@naver.com 홈페이지 b-book.co.kr

ISBN 979-11-89898-46-5   03810
값_10,000원